Trace the uppercase letter 'A'

Trace the lowercase letter 'a'

Can Do My ABCs
Preschool Tracing Activity
by

Brynda Dunbar

Title: Can Do My ABCs Preschool Tracing Activity Book

ISBN 9798321336526

Copyright © 2024 Brynda Dunbar

Thank You

I am Brynda Dunbar and I am a Coloring Book Artist and Creator. I create Coloring Books for all ages. My works have been used for Preschool children, Adults and even an people with dementia. Coloring has been known to induce Stress Relief and Relaxation.

Scan the QR Code below and it will take you to my Amazon Author Page where you can view all the current books that are available. I frequently add new content.

If you like what you see, please follow me, this will let you know when something new is added.

Thank you for taking the time to explore the wonderful world of coloring.

Brynda Dunbar

This book belongs to:

Trace the uppercase letter 'A'

Trace the lowercase letter 'a'

Trace the uppercase letter 'A'

A A A A A
A A A A A
A A A A A
A A A A A

Trace the lowercase letter 'a'

a a a a a
a a a a a
a a a a a
a a a a a

Circle It 'A' letter

D C E S K
B Y U I
F X P
R V H
G A L
Q W J Z
M T O N

Circle It 'a' letter

f c s k
e
d u i
b y x p
r v z h
n
g j
q
m w l
t a
o

A a for 'word' trace

Ant

astronaut

Apple

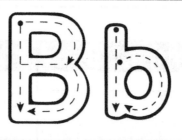

Trace the uppercase letter 'B'

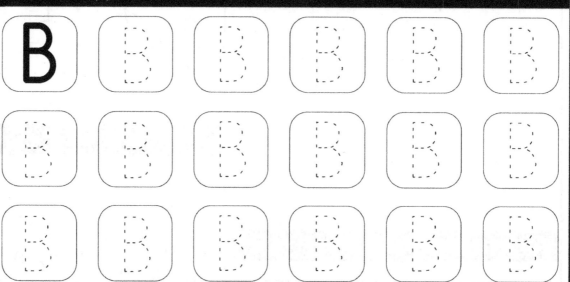

Trace the lowercase letter 'b'

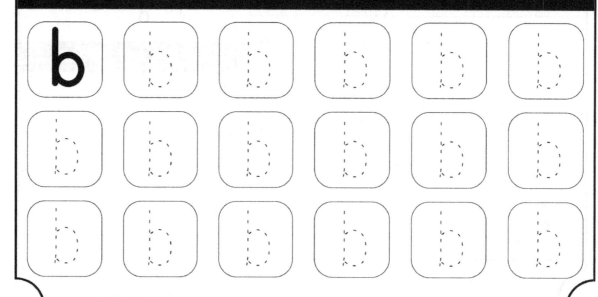

Trace the uppercase letter 'B'

B B B B
B B B B
B B B B
B B B B

Trace the lowercase letter 'b'

b b b b
b b b b
b b b b

Circle It 'B' letter

D C E S K
T U I
Y P
F X V
R A L H
G W J
Q Z
M N
B O

Circle It 'b' letter

f c s k
e
d u i
p y b
r x v z h
g n j
q w a
m l
t o

B b for 'word' trace

Ball

Ballon

bird

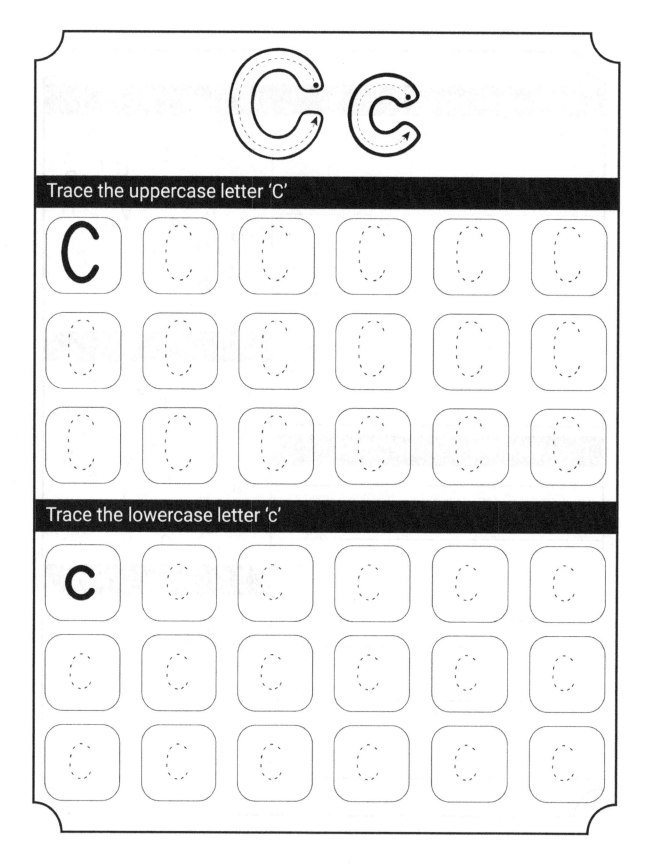

Trace the uppercase letter 'C'

Trace the lowercase letter 'c'

Trace the uppercase letter 'C'

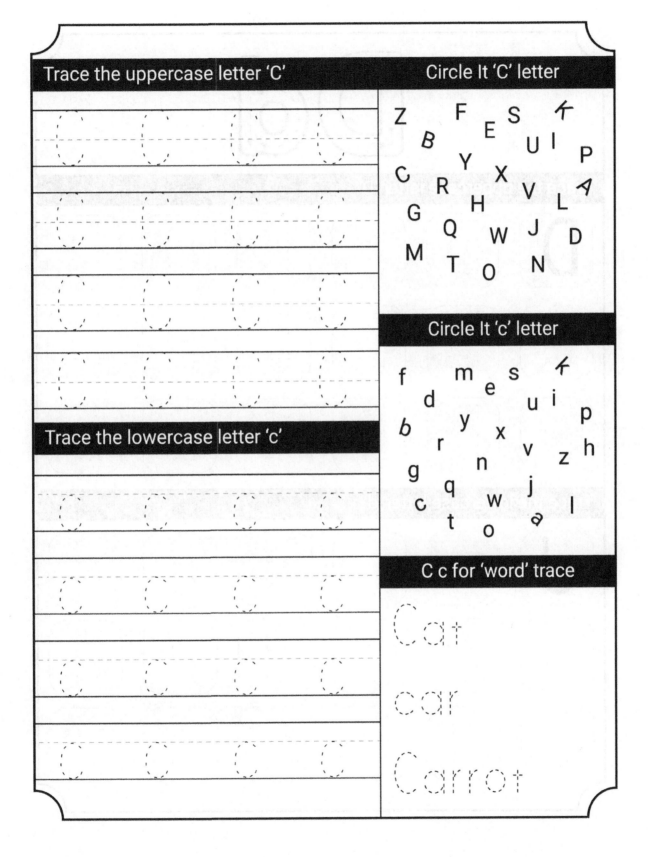

Trace the lowercase letter 'c'

Circle It 'C' letter

Z F E S K
 B   Y   U I   P
C   R   X   A
G   H   L
  Q   W   J   D
M   T   O   N

Circle It 'c' letter

f   m s k
  d   e   u i
b   y   x   p
   r   v z h
g   n   j
 c q   w   l
  t   o a

C c for 'word' trace

Cat

car

Carrot

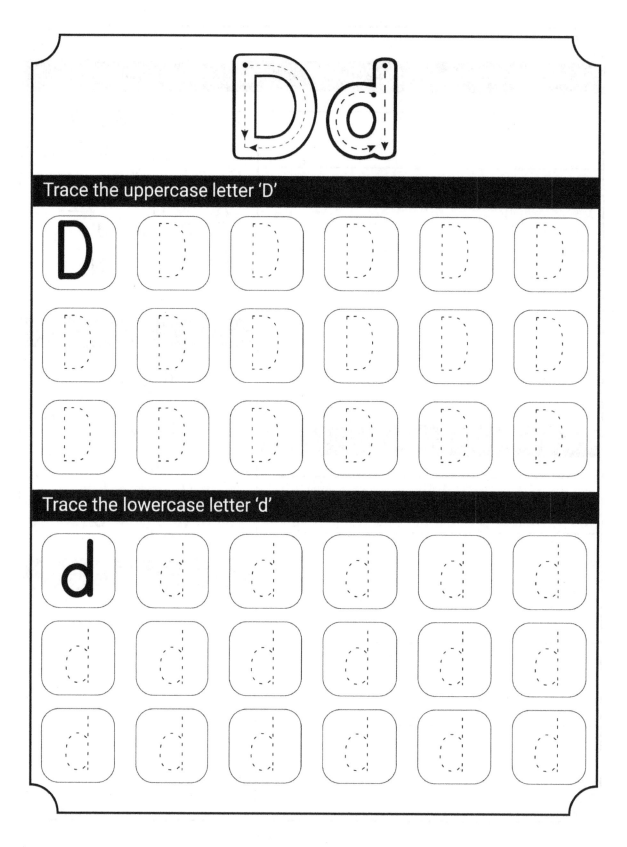

Trace the uppercase letter 'D'

Trace the lowercase letter 'd'

Trace the uppercase letter 'D'

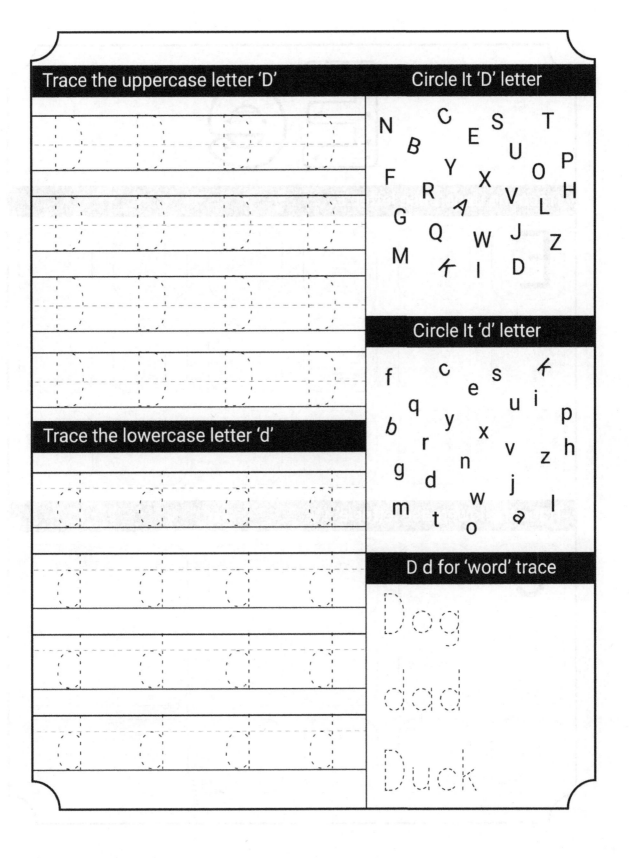

Trace the lowercase letter 'd'

Circle It 'D' letter

N C S T
B E
Y U
F X O P
R V H
A L
G
Q W J Z
M K D
I

Circle It 'd' letter

f c s t
e i
q u
b y p
r x
n v z h
g d
j
m w l
t a
o

D d for 'word' trace

Dog

dad

Duck

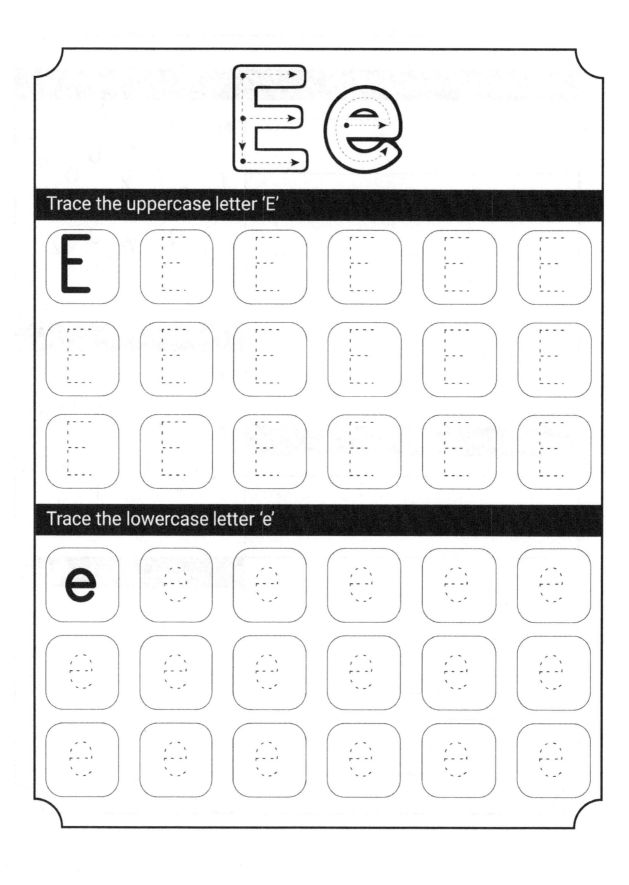

Trace the uppercase letter 'E'

Trace the lowercase letter 'e'

Trace the uppercase letter 'E'

Circle It 'E' letter

D C S K
B G U I
Y
F   X   P
R   V L M
E   A   J
Q   W J Z
H   T   N
O N

Circle It 'e' letter

f c s k
d   i u a
y   e
b r   x v z h
n   j
g l   w   q
m   t o p

Trace the lowercase letter 'e'

e e e e
e e e e
e e e e
e e e e

E e for 'word' trace

Egg

elephant

Eagle

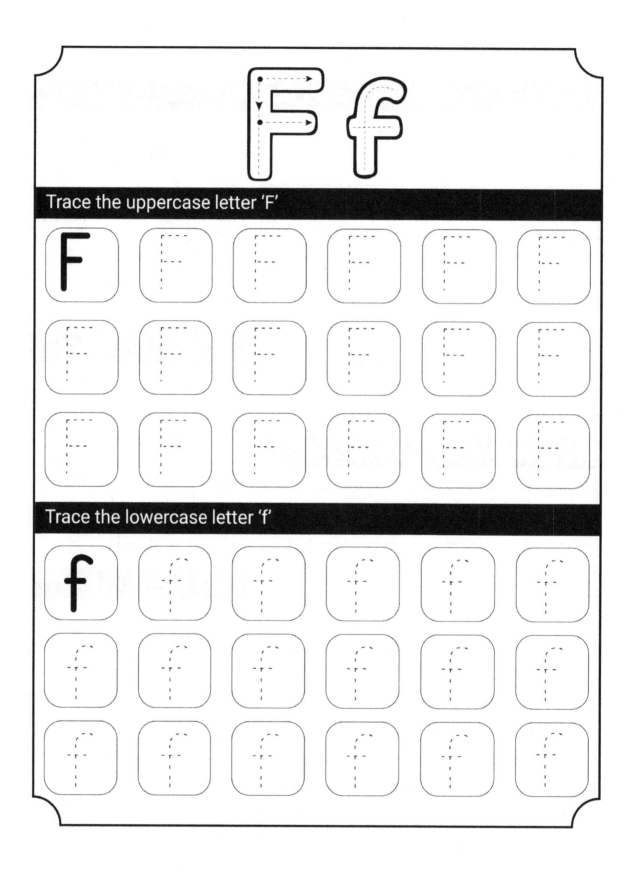

Trace the uppercase letter 'F'

Trace the lowercase letter 'f'

Trace the uppercase letter 'F'

Circle It 'F' letter

D C E S F
B Y U I P
Z X H
R V L
G F J A
M Q W
T O N

Circle It 'f' letter

f c e s f
d e u i
b y x p
r v z h
g n
m q w j l
t a
o

Trace the lowercase letter 'f'

F f for 'word' trace

Frog

fish

Fan

Trace the uppercase letter 'G'

Trace the lowercase letter 'g'

Trace the uppercase letter 'G'

G G G G
G G G G
G G G G
G G G G

Trace the lowercase letter 'g'

g g g g
g g g g
g g g g

Circle It 'G' letter

D C E S K
B Y U I
F X P
R V H
T A L
Q W J Z
M G O N
G O

Circle It 'g' letter

f c s k
d e u i
b y x g p
r v g
z n h
q w j
m t o a l

G g for 'word' trace

Goat

giraffe

Grape

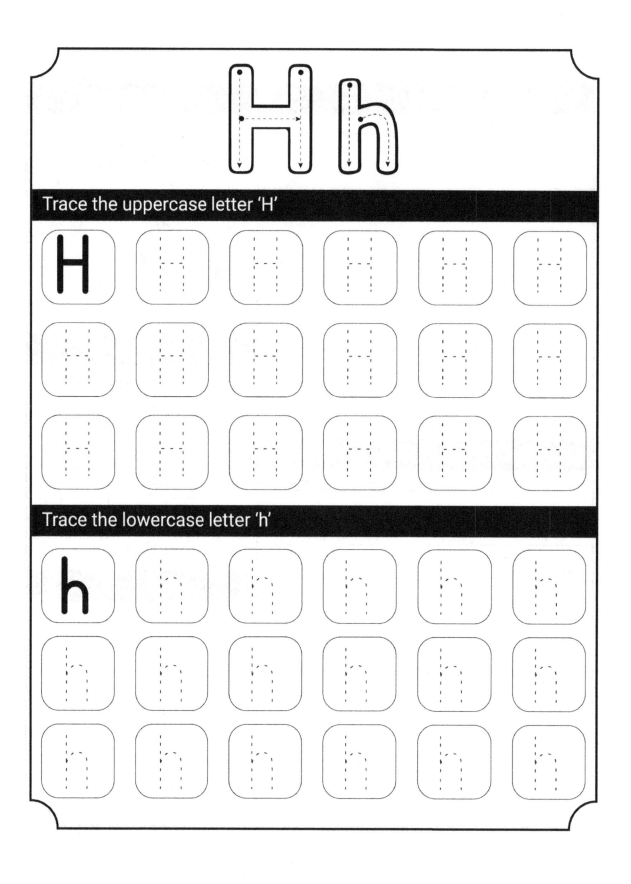

Trace the uppercase letter 'H'

Trace the lowercase letter 'h'

Trace the uppercase letter 'H'

Circle It 'H' letter

D C E S K
B U I
F Y X V P
R H
G A L
Q W J Z
M T O N

Circle It 'h' letter

f c e s k
d u i
b y x v p
r z n
g h
m q w j l
t o a

Trace the lowercase letter 'h'

H h for 'word' trace

Horse

hen

Help

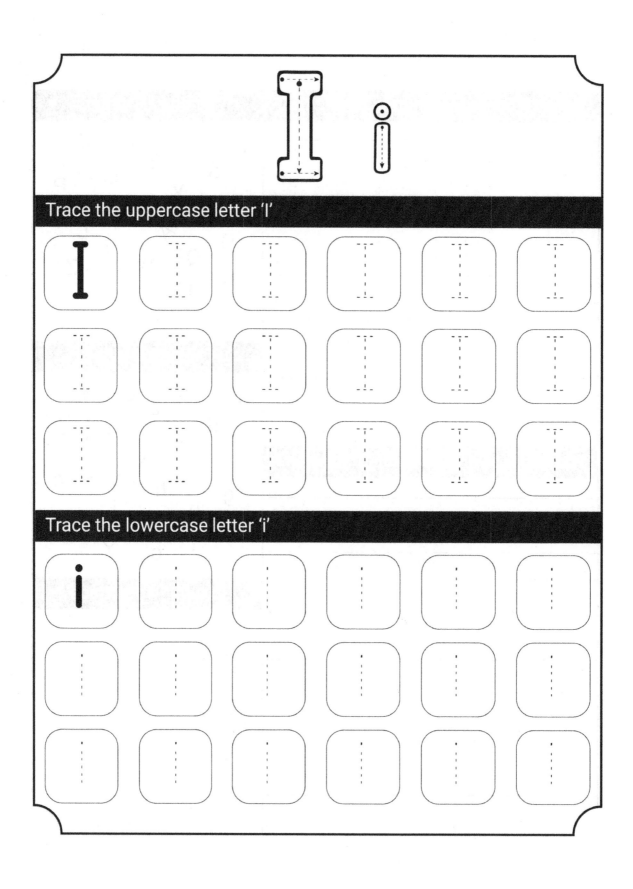

Trace the uppercase letter 'I'

Trace the lowercase letter 'i'

Trace the uppercase letter 'I'

Circle It 'I' letter

D C E S K
B E U I
F Y X P
R V H
A L
G Q W J Z
M T O N

Circle It 'i' letter

f c e s k
d e u i
b y x p
r v z h
g n j
q w l
m t a
o

Trace the lowercase letter 'i'

I i for 'word' trace

Ink

insect

Ice

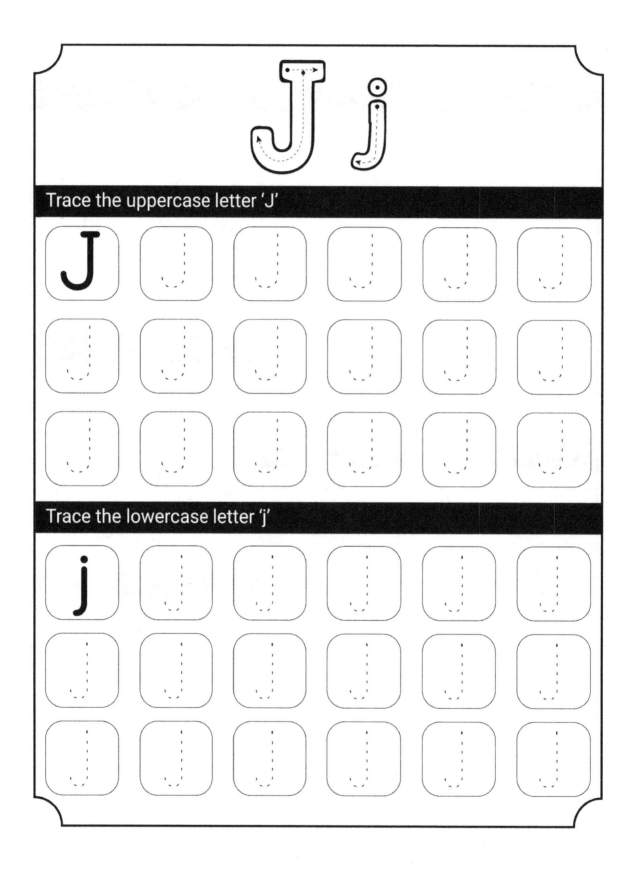

Trace the uppercase letter 'J'

Trace the lowercase letter 'j'

Trace the uppercase letter 'J'

Circle It 'J' letter

D C E S K X
B Y U
F R I P H
A V L
G Q W J Z
M T O N

Circle It 'j' letter

f c e s k
d e i
b y u p
r x v z h
g n j
q w l
m t a
o

Trace the lowercase letter 'j'

J j for 'word' trace

Jackfruit

juice

Jellyfish

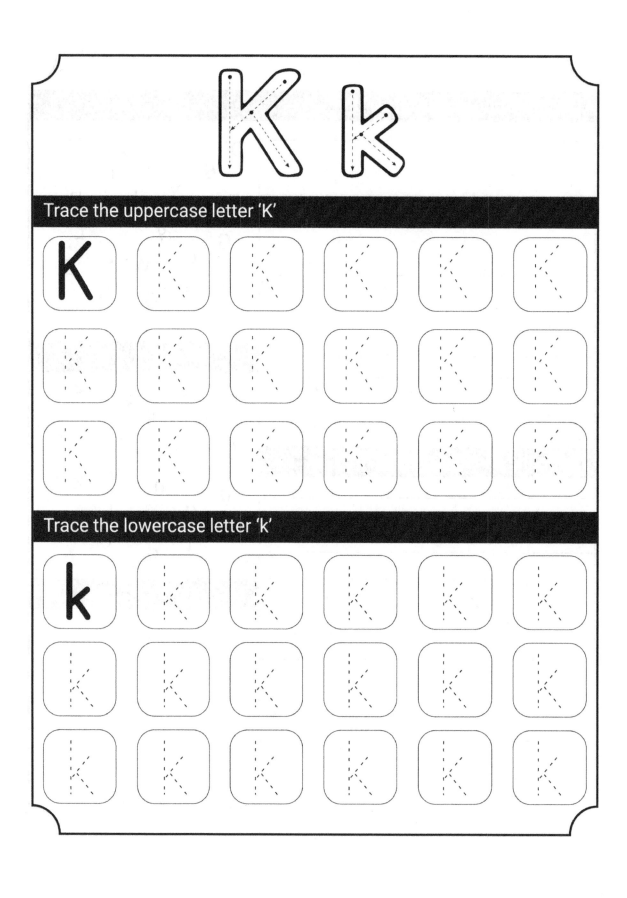

Trace the uppercase letter 'K'

Trace the lowercase letter 'k'

Trace the uppercase letter 'K'

K K K K

K K K K

K K K K

K K K K

Trace the lowercase letter 'k'

k k k k

k k k k

k k k k

k k k k

Circle It 'K' letter

D C E S G
B Y X U I P
F R V H
K A L
Q W J Z
M T O N

Circle It 'k' letter

f c s d
k e u i
b y x p
r v z h
g n j
q w l
m t a
o

K k for 'word' trace

Kite

knief

King

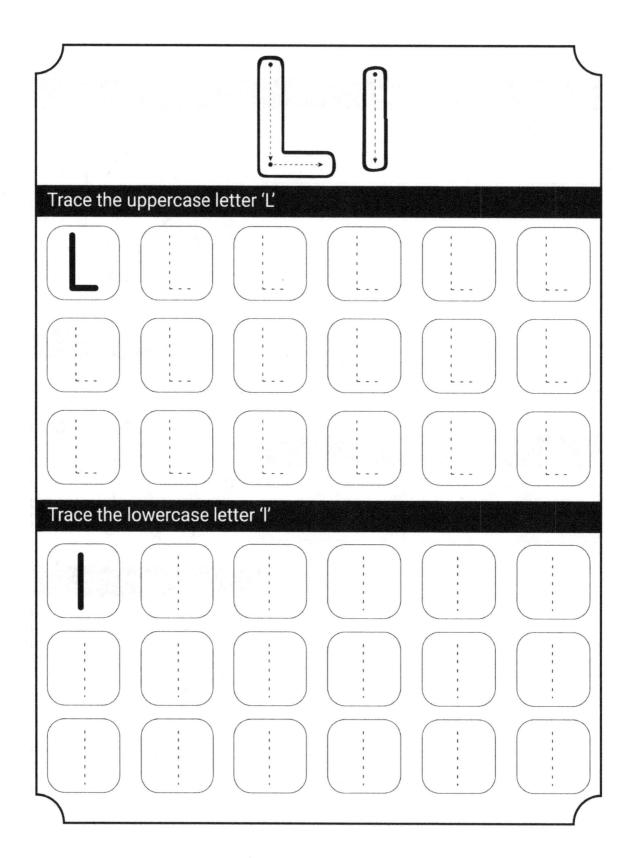

Trace the uppercase letter 'L'

Trace the lowercase letter 'l'

Trace the uppercase letter 'L'

Circle It 'L' letter

D C E S W
B Y U K P
F X H
R V L
G A
Q I J Z
M T J N
O

Circle It 'I' letter

f l s k i
d e p
b y u z h
r x v
g n
q j c
m w
t o a

Trace the lowercase letter 'l'

L l for 'word' trace

Lion

leaf

Lolipop

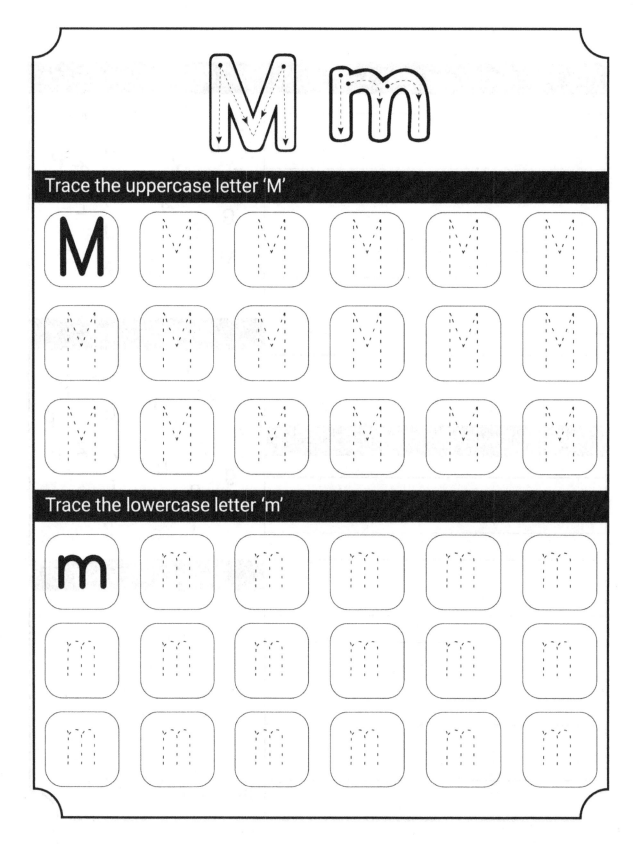

M m

Trace the uppercase letter 'M'

Trace the lowercase letter 'm'

Trace the uppercase letter 'M'

M M M M
M M M M
M M M M
M M M M

Trace the lowercase letter 'm'

m m m m
m m m m
m m m m
m m m m

Circle It 'M' letter

D C E S K
B E U I
Y X P
F M V H
A L
G Q W V J
Z T O N R

Circle It 'm' letter

f c e s k
d e u i
b y m p
r v z h
g n
q w j l
x t o a

M m for 'word' trace

Man

mango

Mother

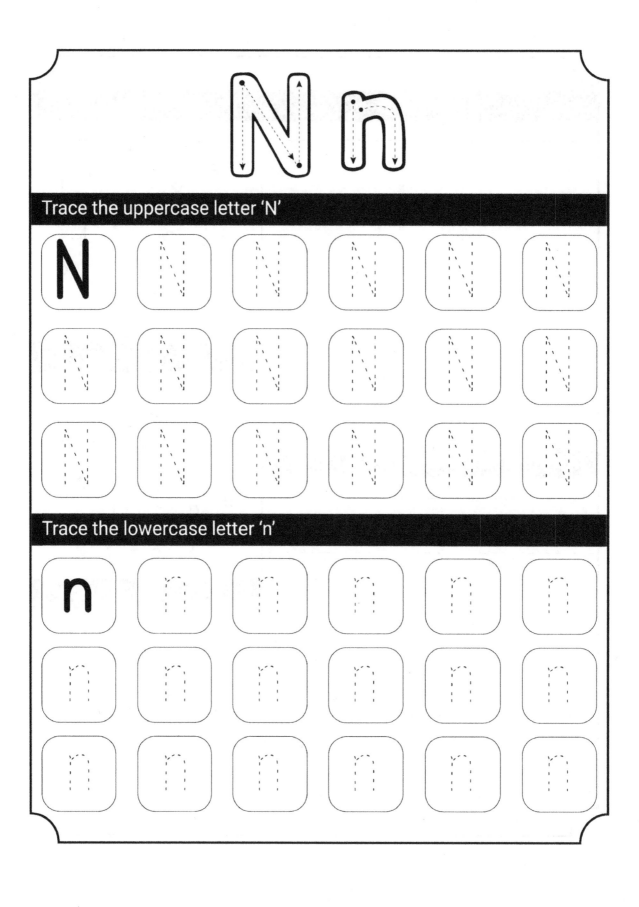

Trace the uppercase letter 'N'

Trace the lowercase letter 'n'

Trace the uppercase letter 'N'

N N N N
N N N N
N N N N
N N N N

Trace the lowercase letter 'n'

n n n n
n n n n
n n n n

Circle It 'N' letter

D C E S K
B Y U I
F X P
R V H
A L
G J
Q W Z
M T N
O

Circle It 'n' letter

f c s k
d e u i
b y p
r x z h
n v
g j
q w l
m a
t o

N n for 'word' trace

Nest

nose

Neck

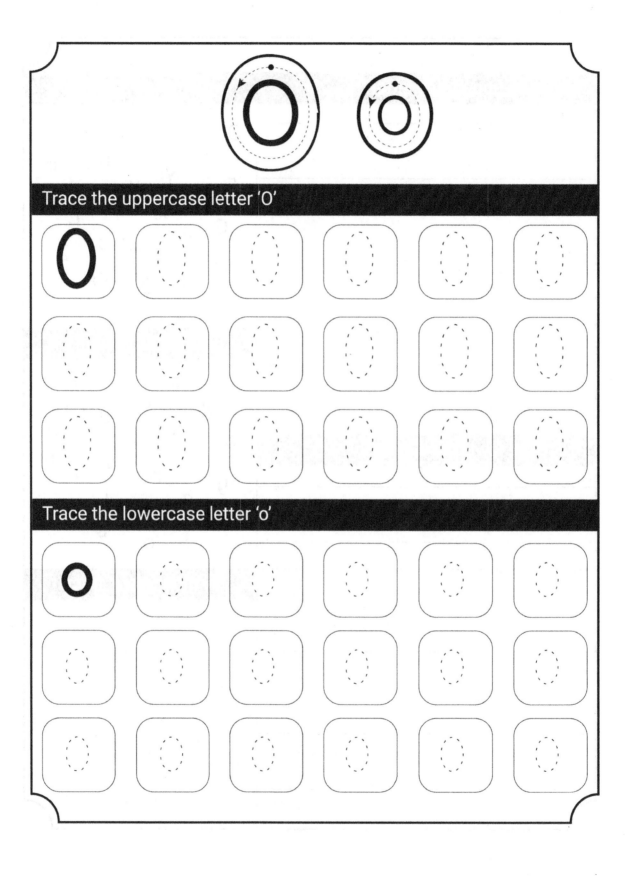

Trace the uppercase letter 'O'

Trace the lowercase letter 'o'

Trace the uppercase letter 'O'

O O O O
O O O O
O O O O
O O O O

Trace the lowercase letter 'o'

o o o o
o o o o
o o o o

Circle It 'O' letter

D C E S K
B Y E U I P
F R X V H
G A L
Q W J Z
M T O N

Circle It 'o' letter

f c e s k
d e u i p
b y x v h
r n z
g q w j l
m t o

O o for 'word' trace

Owl

orange

Octopus

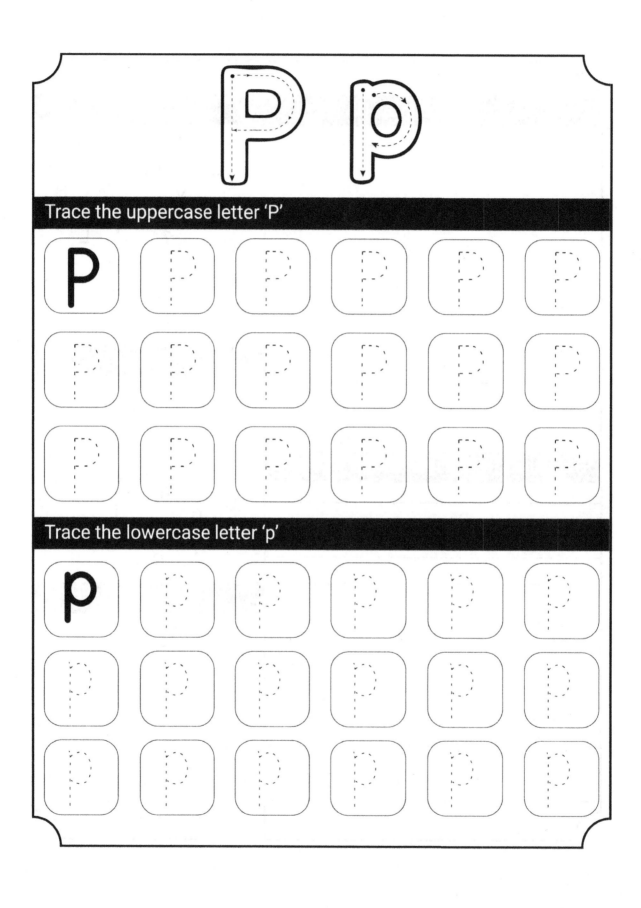

Trace the uppercase letter 'P'

Trace the lowercase letter 'p'

Trace the uppercase letter 'P'

P P P P
P P P P
P P P P
P P P P

Trace the lowercase letter 'p'

p p p p
p p p p
p p p p

Circle It 'P' letter

D C S K
B E
Y U I
F X P
R V
A H
G L
Q W J
M T N Z
O

Circle It 'p' letter

f c s k
d e
y u i
b x p
r v
n z h
g j
q w
m l
t o a

P p for 'word' trace

Pen

pencil

Panda

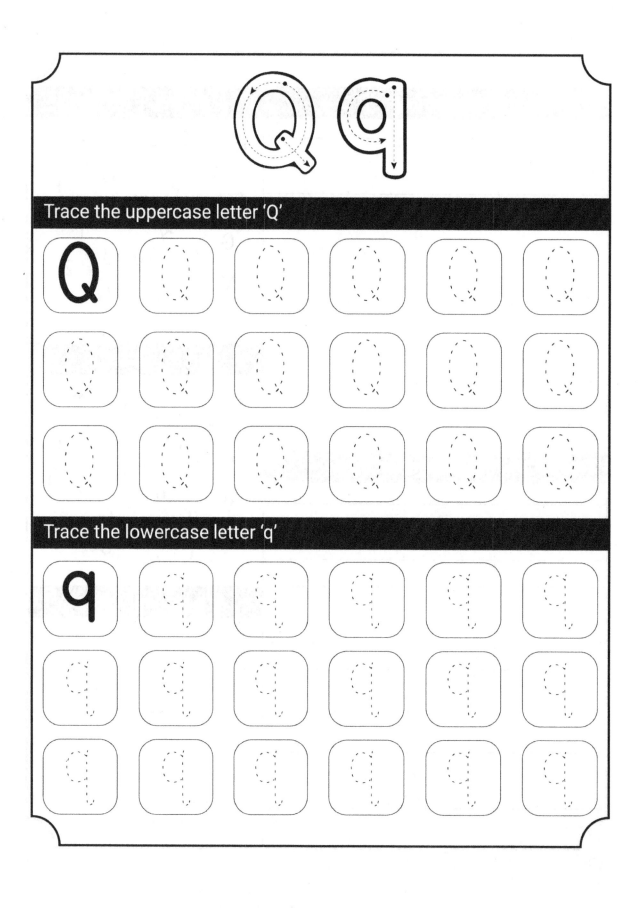

Trace the uppercase letter 'Q'

Trace the lowercase letter 'q'

Trace the uppercase letter 'Q'

Circle It 'Q' letter

D Q E S K
B Y U I P
F R X V H
G C A L
M T W J Z
      O N

Trace the lowercase letter 'q'

Circle It 'q' letter

f c e s k
d e u i
b r y x v p
g w n z h
m t q j l
      o a

Q q for 'word' trace

Queen

quiet

Quack

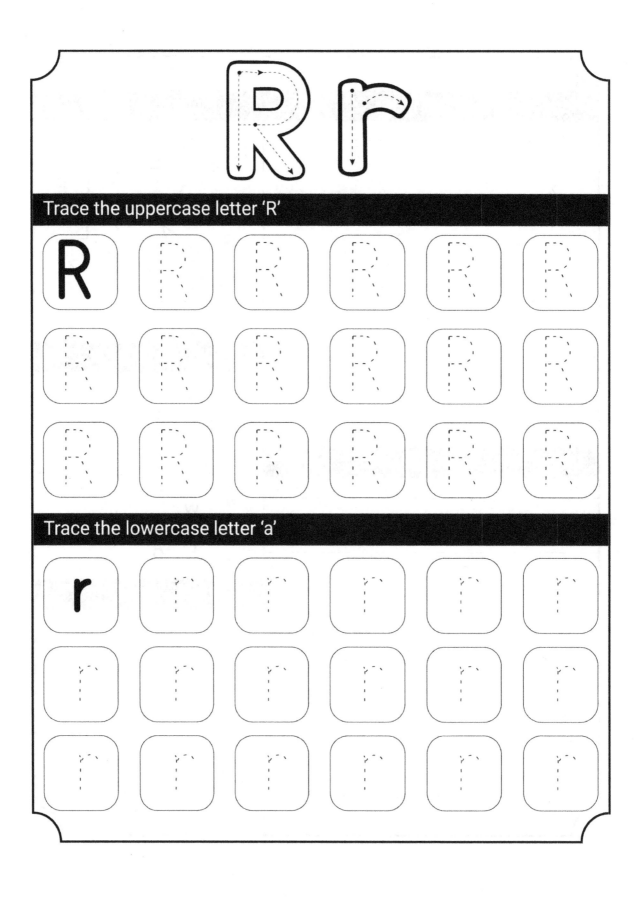

Trace the uppercase letter 'R'

Trace the lowercase letter 'a'

Trace the uppercase letter 'R'

R R R R
R R R R
R R R R
R R R R

Trace the lowercase letter 'r'

r r r r
r r r r
r r r r

Circle It 'R' letter

D C E S R
B Y U I
F X P
R V H
A L
G J
Q W Z
M T O N

Circle It 'r' letter

f c e s r
d e u i
b a p
y x h
g v z
n j
q w
m r l
t o

R r for 'word' trace

Rat

rabbit

Rocket

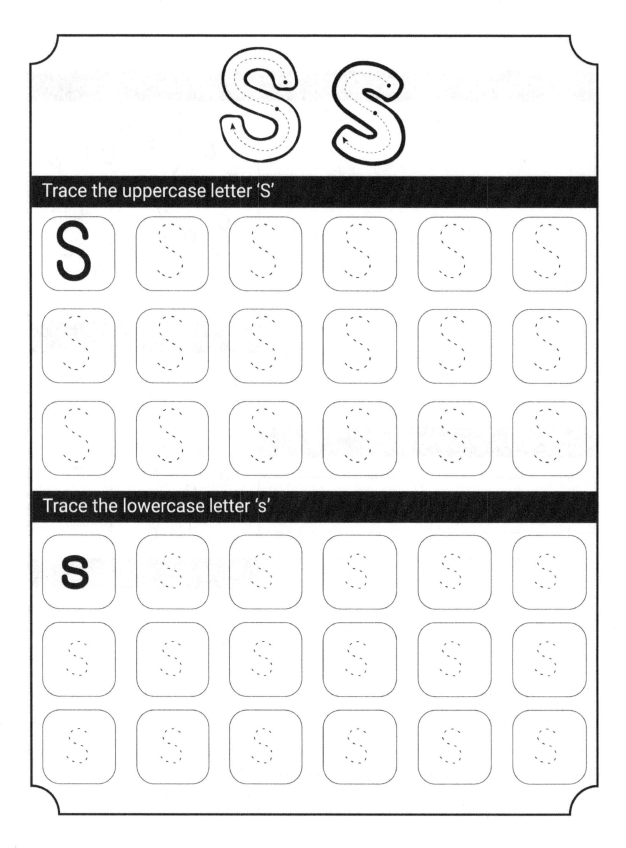

Trace the uppercase letter 'S'

Trace the lowercase letter 's'

Trace the uppercase letter 'S'

S S S S
S S S S
S S S S
S S S S

Trace the lowercase letter 's'

s s s s
s s s s
s s s s

Circle It 'S' letter

S C D K
B E U I
Y P
F X V H
R A L
G W J Z
Q
M V N
T O

Circle It 's' letter

f c s k
d e i
b y u p
r x v
n z h
g j
m q w l
t o a

S s for 'word' trace

Sun

strawberry

Snowman

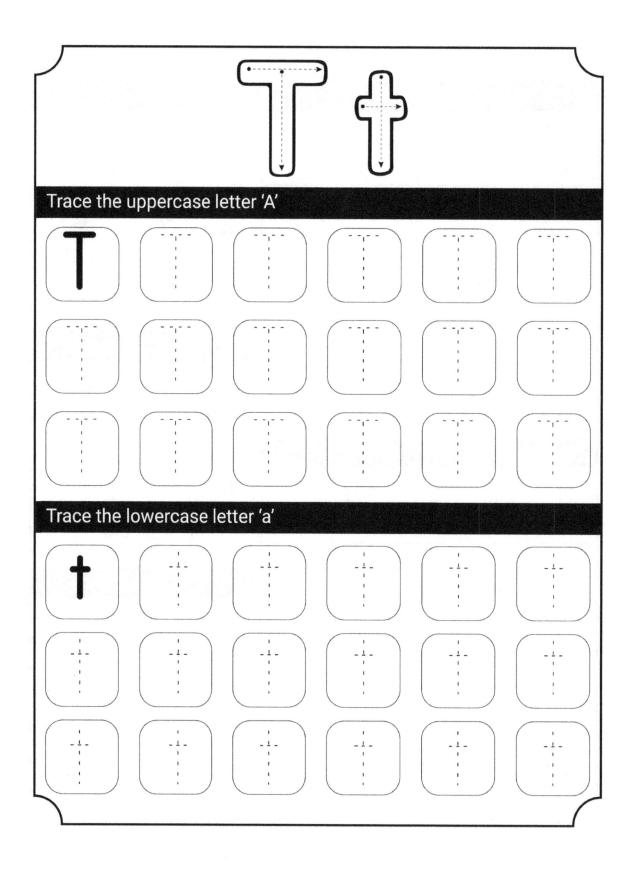

Trace the uppercase letter 'A'

Trace the lowercase letter 'a'

Trace the uppercase letter 'T'

Circle It 'T' letter

D C E S T
B Y U I P
T R X V H
G A L
Q W J Z
M F O N

Circle It 't' letter

f c e s t
d e u i
b y x v p
r t z h
g
q w j l
m n o a

Trace the lowercase letter 't'

T t for 'word' trace

Tiger

tree

Tooth

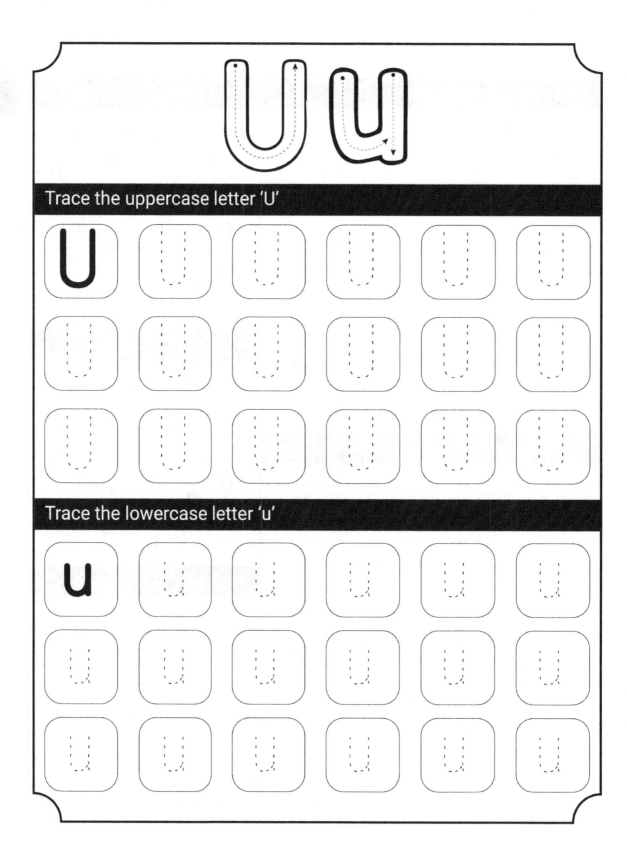

Trace the uppercase letter 'U'

Trace the lowercase letter 'u'

Trace the uppercase letter 'U'

U U U U U
U U U U U
U U U U U
U U U U U

Trace the lowercase letter 'u'

u u u u u
u u u u u
u u u u u

Circle It 'U' letter

D C E S K
B Y R I
F U X V P
G A L H
Q W J Z
M T O N

Circle It 'u' letter

f c s k
d e g i
b y x v p
r n z h
u q w j l
m t o a

U u for 'word' trace

Uncle

umbrella

Unicorn

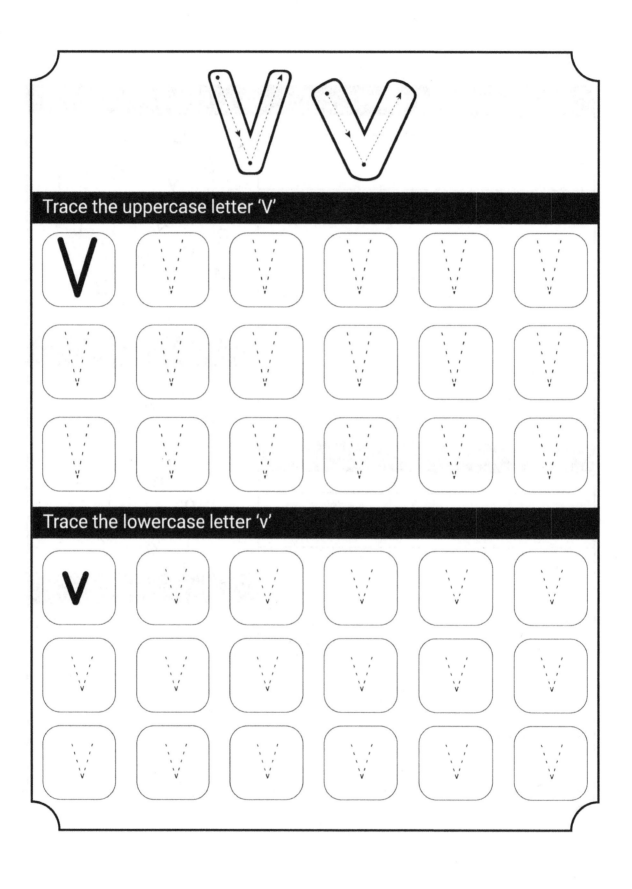

Trace the uppercase letter 'V'

Trace the lowercase letter 'v'

Trace the uppercase letter 'A'

V V V V V
V V V V V
V V V V V
V V V V V

Trace the lowercase letter 'v'

v v v v
v v v v
v v v v
v v v v

Circle It 'V' letter

D C E S K
B Y U I P
F X H
R T L
G A J
Q W Z
M V N
O

Circle It 'v' letter

f c s k
d v u i
b y p
r x h
g n e z
q j
m w l
t a
o

V v for 'word' trace

Vegetables

vehicle

Vulture

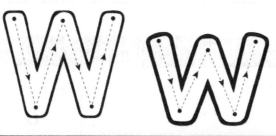

Trace the uppercase letter 'W'

Trace the lowercase letter 'w'

Trace the uppercase letter 'W'

W W W W
W W W W
W W W W
W W W W

Trace the lowercase letter 'w'

w w w w
w w w w
w w w w

Circle It 'W' letter

D C S K
B E U I
Y X P
F R V H
A L
G Q W J Z
M T O N

Circle It 'w' letter

f c s k
d e i
b y x u p
r v z h
g n j
q w l
m t o a

W w for 'word' trace

Watermelon

whale

Window

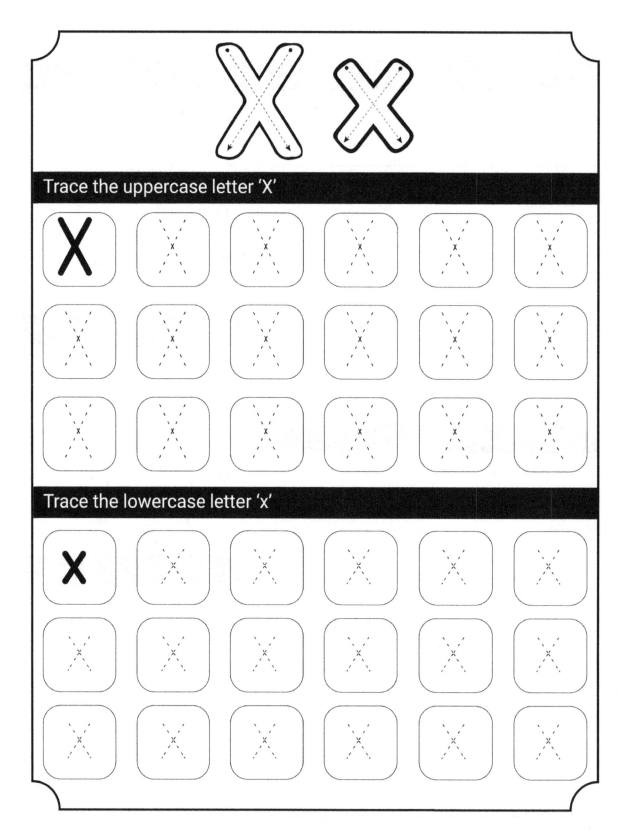

Trace the uppercase letter 'X'

Trace the lowercase letter 'x'

Trace the uppercase letter 'X'

X X X X
X X X X
X X X X
X X X X

Trace the lowercase letter 'x'

x x x x
x x x x
x x x x
x x x x

Circle It 'X' letter

D C E S X
B U I
Y P
F Z
R V H
A L
G J
Q W X
M N
T O

Circle It 'x' letter

f c e s x
d u i
y p
x b
r v z h
n
g j
q w l
m a
t
o

X x for 'word' trace

Xmas tree

xerus

Xylophone

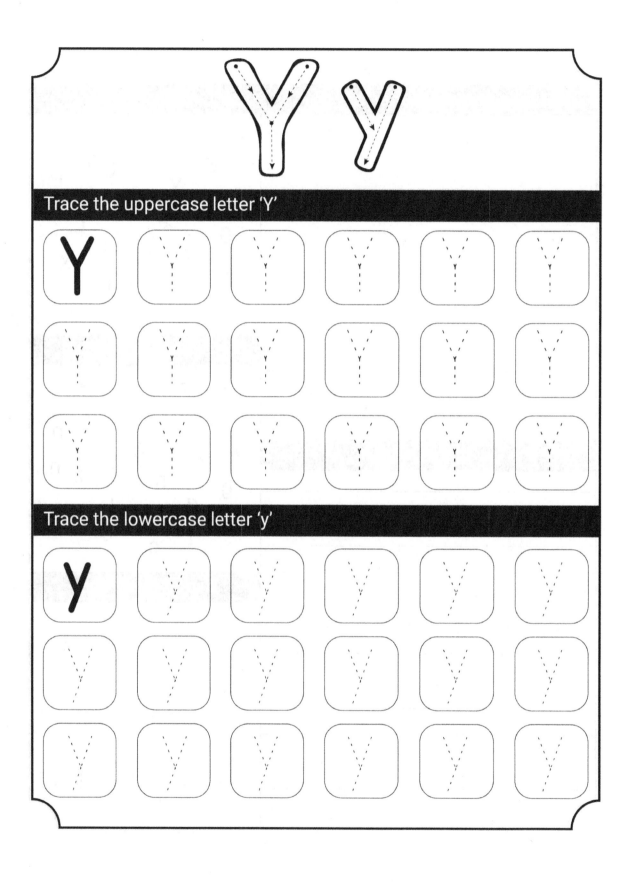

Trace the uppercase letter 'Y'

Trace the lowercase letter 'y'

Trace the uppercase letter 'Y'

Circle It 'Y' letter

D C E S Y
B U
I X P
F R V Y
A L G
H Q W J Z
M T N
O

Trace the lowercase letter 'y'

Circle It 'y' letter

f c s y
e
d u i
b r y x v p
n z h
g q j
m w a l
t o

Y y for 'word' trace

Yellow

yarn

Yo Yo

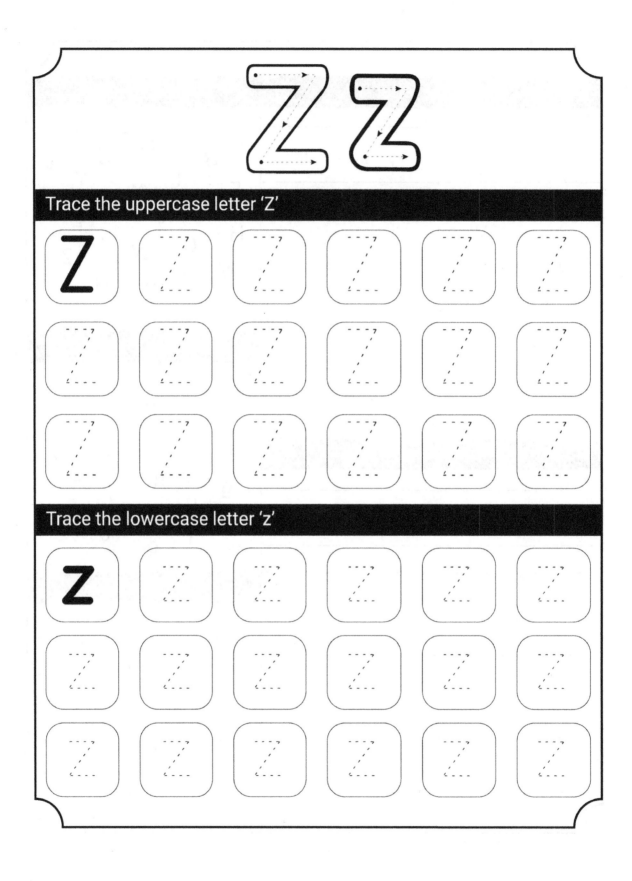

Trace the uppercase letter 'Z'

Trace the lowercase letter 'z'

Trace the uppercase letter 'Z'

Circle It 'Z' letter

D C E S Z
B Y U I
F X P
R V
G A L Z
Q W J
M T N H
O

Circle It 'z' letter

f c s z
d e i
b y u p
r x v g h
z n
q j l
m w
t o a

Trace the lowercase letter 'z'

Z z for 'word' trace

Zebra

zigzag

Zoo

Congratulations
Good job

NAME:

You have completed this book with new skills!!!!!!

KEEP UP
THE GOOD
WORK

Thank You

Thank you for your purchase! If you have enjoyed this book, please consider dropping us a review. It takes 5 seconds and helps small businesses like ours.

The QR Code below will take you to your purchase.

Made in the USA
Las Vegas, NV
02 December 2024

13170986R00037